CECILIA SFALSIN

AUTOSSABOTAGEM NUNCA MAIS!

AVANCE!

CB041300

FERIDAS TRATADAS, CORAÇÃO REFEITO.

Autossabotagem nunca mais! Avance! © Cecilia Sfalsin, 11/2020

Edição © Crivo Editorial, 11/2020

EDIÇÃO E REVISÃO: Amanda Bruno de Mello

PROJETO GRÁFICO E DIAGRAMAÇÃO: Luís Otávio Ferreira

CAPA: Maria Soledad de Castro

DIREÇÃO DE ARTE: Haley Caldas

COORDENAÇÃO EDITORIAL: Lucas Maroca de Castro

Dados Internacionais de Catalogação na Publicação (CIP) de acordo com ISBD

S522a	Sfalsin, Cecilia
	Autossabotagem nunca mais! Avance! / Cecilia Sfalsin. - Belo Horizonte, MG : Crivo Editorial, 2020.
	122 p. ; 13,6cm x 20,4cm.
	Inclui índice.
	ISBN: 978-65-990770-4-3
	1. Autoconhecimento. 2. Literatura devocional. 3. Religiosidade. 4. Visa cristã. I. Título.
	CDD 158.1
2020-2715	CDU 159.947

Elaborado por Odilio Hilario Moreira Junior - CRB-8/9949

Índice para catálogo sistemático:
1. Autoconhecimento 158.1
2. Autoconhecimento 159.947

Crivo Editorial

Rua Fernandes Tourinho, 602, sala 502

30.112-000 - Funcionários - Belo Horizonte - MG

www.crivoeditorial.com.br

contato@crivoeditorial.com.br

facebook.com/crivoeditorial

instagram.com/crivoeditorial

crivo-editorial.lojaintegrada.com.br

É NECESSÁRIO QUE ELE CRESÇA
E QUE EU DIMINUA.

João 3.3

SUMÁRIO

11   INTRODUÇÃO

14   DEDICATÓRIA

16   CONSIDERAÇÕES INICIAIS

20   AME A DEUS

22   FERIDAS TRATADAS, CORAÇÃO REFEITO

26   VOCÊ VAI SAIR DESSA...

29   SOBRE REFORMAS INTERNAS

32   RECOMEÇAR A PARTIR DE...

37   A PARTIR DA DOR, UM NOVO CAMINHO SE CONSTRÓI...

41   SER DIFERENTE É ACEITÁVEL, E ESTÁ TUDO BEM SER ASSIM

47   SE PERDOE E NÃO VOLTE MAIS AO PASSADO.

54   OS DIAS DIFÍCEIS NÃO DEFINEM O RESULTADO FINAL DE SUAS BATALHAS

60   SAIBA LIDAR COM OS DISTANCIAMENTOS

64 SAIA DO LUGAR

67 NO FUNDO DO POÇO HÁ GRANDES LIÇÕES

80 DAS DESISTÊNCIAS AO MAR ALTO...

84 NADA É PARA SEMPRE

87 USE A PAUSA COM MODERAÇÃO...

91 VOCÊ É MUITO CAPAZ

95 TÁ VENDO AÍ?

98 DESCONSIDERE AS VEZES QUE VOCÊ
FALHOU COM O SEU CORAÇÃO

104 LIBERTE-SE DE TUDO O QUE TE IMPEDE
DE SER UMA BÊNÇÃO...

108 CONSELHOS PARA A VIDA

112 CONSIDERAÇÕES FINAIS

118 SOBRE A AUTORA

"

TUDO PASSA,
NO LUGAR DA FERIDA,
SE REFAZ A CARNE,
NO LUGAR DA DOR,
SE REFAZ O AMOR.

"

INTRODUÇÃO

A autossabotagem é o início do fracasso.

Autossabotagem é quando criamos obstáculos dentro de nós mesmos a fim de justificar os nossos medos, o nosso comodismo, o nosso autodesmerecimento e a nossa tão covarde falta de fé.

Sim, buscamos todos os meios de nos salvar da responsabilidade que devemos ter conosco. Temos sonhos, planos, temos uma vida que precisa ser vivida com intensidade, mas, na primeira tentativa frustrada, na primeira decepção, nos arruinamos por dentro, permitindo que a tristeza se abrigue em nossa alma, nos tirando toda a satisfação de lutar pelo que queremos.

O autossabotador sempre tem uma resposta imediata para o que deu errado em sua vida. "Se eu tivesse feito isso", "se eu tivesse feito aquilo", "se eu tivesse dito isso ou aquilo', e por aí vai. O "se" é o seu ponto de apoio, ele não olha para a frente, ele não consegue enxergar o caminho de retorno, porque ficou preso a um passado que não foi bom. Experiências ruins também são importantes para o nosso crescimento.

Não estou dizendo que devemos aceitá-las, mas que não podemos evitá-las e que a forma como lidamos com elas é que faz toda a diferença. As coisas poderiam ter sido diferentes, sim, poderiam. Mas não podemos nos esquecer que há propósitos de Deus em cada situação por que passamos e não podemos nos fazer de vítimas o tempo todo.

Vivemos pela Graça, fazemos parte de uma obra extraordinária e podemos, sim, retornar para nós mesmos e nos autoconhecermos ao invés de nos sentirmos impotentes diante de tudo em nossa vida que precisa ser resolvido e decidido.

É no período das dificuldades que adquirimos força, e essa força vem da alegria do Senhor em nós. Se você acredita que a sua alegria está naquilo que você quer conquistar aqui na terra, já te adianto que ela é momentânea. Você pode ter tudo o que quiser se batalhar para ter, você é capaz, mas esse tudo que acaba não te faz forte o tempo todo, porque logo vem a desilusão do fim.

A autossabotagem começa quando focamos em tudo o que está visível aos nossos olhos e nos esquecemos que é de dentro para fora que as coisas acontecem. Precisamos *estar bem espiritualmente e emocionalmente para entendermos que é possível dar a volta por cima quando algo não deu certo. Que é possível vencer a dor, o sofrimento, a frustração e as decepções. Que é possível tentar de novo, talvez com novas estratégias.* Quando entendemos *que o nosso problema está na nossa visão turva de vida, passamos a enxergar possibilidades em tudo.* Somos seres *incríveis e podemos, sim, nos refazer de tudo o que não deu certo com apenas um pensamento:*

O que passou, passou. A partir de agora,

"POSSO TODAS AS COISAS NAQUELE QUE ME FORTALECE"

Filipenses 4:13

Deus é o centro de tudo, e a sua força de vontade é o ponto de partida para as suas boas realizações em qualquer área da sua vida.

DEDICATÓRIA

DEDICO-ME, DEDICO-TE.

Cada texto deste livro tem uma força motivadora e uma responsabilidade tremenda. *Sim, dei o meu melhor, dentro do possível, mas o extraordinário deixei para Deus, que está acima de tudo e de todos em minha vida. Força maior que a Dele não há. Superei-me, e ando superando-me por aí. Ah, como eu amo a mulher que sou. "TÔ AQUI POR VOCÊ", este é o meu lema. Por você que passou a vida se autossabotando, que engavetou sonhos, que se deixou de lado tantas vezes, que se esqueceu dentro de sentimentos não recíprocos, acreditando que seria possível sobreviver em lugares onde você não cabia.*

Lembrei das vezes em que o meu mundo virou de cabeça para baixo, em que, por algumas razões, eu tive que per-

der para ganhar. *Eu tive que adentrar no mais íntimo do meu ser para entender que eu poderia ser autossuficiente à maneira de Deus, seguindo os seus preceitos, obedecendo a sua voz e me permitindo viver a sua vontade.*

Ele é superior e Dele dependemos. Me compreendo melhor que antes, aprendi o grande valor do tempo e dos grandes milagres que são construídos dentro das nossas esperas. A gente não morre na dor nem deixa de existir quando ela nos abraça através de algumas decepções, medos ou feridas.

Descobri isso: quando a carne e os sentimentos são machucados, eles só se refazem com mais força quando são bem-tratados, bem-cuidados, bem-curados... Ao final dessa leitura, **VOCÊ NÃO SERÁ MAIS A(O) MESMA(O).**

CONSIDERAÇÕES INICIAIS

Ei, você não tem o controle de tudo, mas Deus tem. Em Provérbios 21:30 está escrito que... não há conhecimento, sabedoria, ou inteligência alguma que possa se opor a Ele. Ele é maior. Ele é muito perfeito no que faz, e muito fiel em suas promessas e propósitos. Sabe por que te digo tudo isso? Porque Ele está na direção da sua vida, e sabe tudo o que acontece com você. Ele continua reinando a seu favor, transformando *MALDIÇÃO EM BÊNÇÃO*, e te preparando, através de algumas situações adversas, para novos voos e novas estratégias de crescimento.

Quem está de fora vê como humilhação, ou talvez fracasso, mas você não precisa provar nada para ninguém. O que você precisa, neste exato momento, é de um tempo para refletir sobre tudo o que você já priorizou na vida e não deveria ter priorizado e sobre tudo o que você precisa priorizar a partir de agora. É seu dever se importar com você. É sua obrigação cuidar dos seus sentimentos, do seu coração, da sua mente e da sua vida com Deus.

Você ainda tem muitos sonhos pela frente e uma vontade enorme de ser bem-sucedida(o) em todas as áreas da sua vida, acertei? Então deixa eu te dar um conselho: o olhar de uma águia não se desvia do alvo, e o seu voo é bem mais alto do que o voo de muitos pássaros. Ela passa por tempos difíceis e por transformações incríveis dentro desses processos. Uma águia não foge da tempestade, e só constrói o seu ninho nos altos montes.

Tire os seus olhos daquilo que não foi bom para você e vá em direção aos altos montes. Se reconstrua, se preocupe com aquilo que será gerado em você nesse período de isolamento interno, e dedique-se a treinar os seus voos. Eles servirão de respostas para tudo o que você teve que enfrentar calada(o) quando só lhe restou a fé.

Deus trabalha em silêncio para te honrar em meio a tudo e a todos que te fizeram acreditar que você não encontraria o caminho do sucesso. A felicidade consiste em darmos vida aos nossos sonhos. Por mais impossíveis que pareçam ser, nos autossabotamos quando pensamos, agimos e queremos ser como todos, nos autoconvencendo de que eles são realmente superiores a nós.

Faça-me um favor antes de continuar lendo este livro. Vá até a sua estante emocional e se desfaça de todas as decepções que você colecionou ao longo desses anos. Elas só servem para uma coisa: diminuir o seu pensamento em relação a você mesma(o).

"

E NÓS CONHECEMOS, E
CREMOS NO AMOR QUE DEUS
NOS TEM. DEUS É AMOR; E
QUEM ESTÁ EM AMOR ESTÁ EM
DEUS, E DEUS NELE. I JOÃO 4:16

"

AME A DEUS

"E sabemos que todas as coisas contribuem juntamente
para o bem daqueles que amam a Deus, daqueles
que são chamados segundo o seu propósito."

ROMANOS 8.28

Amar a Deus e declarar que Ele está acima de tudo em nossa vida é muito fácil. Difícil é entendermos o trabalhar Dele dentro dos processos desafiadores pelos quais temos que passar, principalmente quando os cansaços chegam, quando a impaciência e a desesperança tentam nos arrancar do caminho, fazendo com que a nossa fé se enfraqueça diante das adversidades, quando perdemos algumas batalhas, quando somos afrontados, rejeitados ou até feridos.

Costumo dizer que, no final, tudo dá certo, que as coisas se ajeitam quando confiamos, mas os nossos pensamentos precisam se unir às nossas ações, e o nosso coração precisa se proteger dos medos, da incredulidade, dos sentimentos ruins, e até dos ventos que tentam contradizer tudo aquilo que construímos por meio da fé.

Tudo coopera para o nosso bem quando amamos e acreditamos Naquele que tudo pode fazer por nós.

Seja numa situação boa, seja numa situação ruim, tudo coopera para o nosso crescimento, aprendizado, fortalecimento e conhecimento futuro, que dependem do nosso esforço presente e das nossas certezas de que nada é em vão e de que há, sim, um propósito divino e inadiável para nossa vida. Há batalhas incompreendidas que, a princípio, nos assustam. No entanto, serão um divisor de águas para nós.

Não importa o quanto elas tentem mudar os percursos da nossa história, ninguém muda os percursos traçados por quem a escreveu com tanto amor, de acordo com as nossas necessidades. Ele transforma o mal em bem. Tudo e todas as coisas serão usadas a nosso favor quando realmente amarmos a Deus e Nele depositarmos a nossa total confiança.

FERIDAS TRATADAS, CORAÇÃO REFEITO

Novamente me refiz. Passei algumas noites em claro tentando me reconhecer e descobri que havia em mim mais força que coragem. Entendi que as reviravoltas já estavam a caminho, e que o decreto do Todo Poderoso era seguir, seguir e seguir. Havia uma estrada, um destino, talvez uma nova história, e o tempo era de novas metas, novos encontros e novas certezas cativando o meu coração. Fechei os meus olhos, respirei fundo, me abracei como há muito tempo não me abraçava, me senti, me envolvi com o meu próprio eu e decidi assumir minhas responsabilidades, dando-me uma nova chance e acreditando que tudo seria possível.

Um toque leve despertou a minha alma, uma voz sussurrou em meus ouvidos palavras de conforto e otimismo, e uma mão um pouco quente, leve e suave, tocou em minhas feridas, causando em mim um movimento único e uma vontade imensa de gritar ao mundo: voltei. Sim, havia lugares que precisavam de reformas, sentimentos que precisavam ser refeitos, e coisas que precisavam ser deixadas para trás. Não me lembro de tudo, mas guardei em minha memória os percursos que fiz, olhei para a janela, por onde tinha deixado partir os meus sonhos, e pedi a Deus que os fizesse retornar para o lugar de onde nunca deveriam ter saído. Senti-me pronta, me senti transformada depois de um enorme terremoto emocional.

Fui ingrata com a vida quando me permiti recuar e muito covarde comigo quando preferi desistir a ter que lutar. Levantei-me, tomei um café quente, me arrumei. O dia estava frio, era inverno, não havia flores nos jardins, mas havia esperanças de primavera, assim como havia em mim. Sentei-me no banco da praça, tirei da bolsa uma folha de papel e uma caneta e comecei a escrever frases recitadas pela minha alma, algumas de fé, outras de saudades. Algumas de dores sentidas, outras de situações antes superadas. Havia feridas sendo curadas, tudo o que eu precisava naquele momento era de silêncio, tranquilidade e paz. Eu estava produzindo pérolas e entrando em um estado de automerecimento. O vento soprava forte anunciando que o tempo era chegado, e eu, sem entender os processos, mas totalmente disposta a recomeçar, escolhi prosseguir e persistir.

Ei, eu disse persistir, mudar, e não insistir naquilo que nunca deu certo em minha vida. Essa mudança inexplicável é uma prova do cuidado de Deus com a minha vida.

Quer saber? Ele cuida da gente, Ele sabe onde nos encontrar quando não nos sentimos confortáveis neste mundo tão cheio de superficialidades. Ele sabe quando é que nos sentimos indefesos diante da maldade que assola alguns corações e quando é que estamos nos afogando dentro de tantas incertezas plantadas em nós através das adversidades inesperadas. Ele nos resgata quando em nós não há mais força e, quando em seu esconderijo habitamos, descansamos. Ainda há possibilidades. Feridas tratadas, coração refeito.

"COLOQUEI-ME EM MODO
AVIÃO POR UM TEMPO,
MAS ME REINVENTEI
QUANDO A NECESSIDADE
DE CRESCER E IMPACTAR
VIDAS FALOU MAIS ALTO..."

VOCÊ VAI SAIR DESSA...

Pelo menos é isso que espero, e essa é a minha intenção ao escrever para você. Não tenho nada além de algumas experiências, poucas, talvez, mas o suficiente para dizer que a sua vida tem jeito, e que se autodestruir não é o caminho, ou melhor, nunca deu resultado bom para ninguém. Sei lá, tenho certa vontade de querer sempre mais do que a vida me oferece.

Eu sei que Deus não se ausenta e que, quando estamos encarcerados dentro de alguma desilusão, Ele logo dá um jeito de nos mostrar um paraíso em meio ao deserto. Talvez o seu presente momento não pareça digno de uma história bonita, mas ele é, viu? Toda estrada é um capítulo, e você está indo perfeitamente bem.

Há um processo em andamento, tudo faz parte dele, nada se perde. Particularmente, diante desses processos pelos quais já passei e ainda passo, te afirmo: não sou mais a mesma; sinto isso.

Cresci bastante, tive alguns atropelos, me perdi, me encontrei. Coloquei-me em modo avião por um tempo, mas me reinventei quando a necessidade de crescer e impactar vidas falou mais alto. Vou te contar um segredo que talvez você não saiba: vida fácil só tem quem se assenta no lombo dos outros a fim de se dar bem. Para quem tem objetivos reais, ela é dura e dolorosa; às vezes, ela é, sobretudo, surpreendente. Não podemos evitar as perdas, os ventos fortes, as decepções, as feridas, mas podemos nos sair muito bem diante delas através daquilo que já aprendemos com as dificuldades que vencemos no passado.

"

VOCÊ TEM DUAS OPÇÕES, IR OU FICAR. ESCOLHA SEMPRE O CAMINHO QUE TE ENSINA A SER MELHOR, MAIS FORTE E MAIS CONSCIENTE DE QUEM VOCÊ REALMENTE É.

"

SOBRE REFORMAS INTERNAS

Tenho vivido dias bonitos. Eu disse *bonitos*, não *fáceis*, e Deus tem cuidado tão bem do meu coração! Tenho me priorizado mais, me dedicado a fazer aquilo que o tempo roubou com questões cuja resolução realmente não *estava* a meu alcance. Tenho tentando não voltar ao passado que tanto me feriu, mas que também me ensinou tanto, me fez crescer, me transformou. A gente pensa que não vai conseguir, e talvez sejam estes os segredos dos processos: as tentativas, a perseverança, o acreditar superando todas as circunstâncias.

O fundo do poço nunca foi o meu lar, mas já foi o meu campo de treinamento muitas vezes. O chão nunca foi a minha cama, mas já foi o lugar que me ensinou sobre pausas, reconhecimento e descanso de alma, entende? As perdas talvez tenham até tentado me roubar de mim mesma, mas com elas aprendi que uma batalha perdida não significa fracasso, mas oportunidade! Sim, oportunidade de mudança, reviravolta.

Não devemos nos lamentar por nada nessa vida, mas agradecermos sempre a Deus por tudo, e isso inclui as situações adversas também. Isso inclui os livramentos que Ele nos dá por meio de alguns ventos contrários, e a Sua vontade sendo superior à nossa.

A verdade é que só entendemos tudo isso quando, ao longo da jornada e depois de muitas frustrações, percebemos que o sol ainda brilha em nossa direção. Por mais que tenham nos ferido, precisamos de nós mesmas(os) todos os dias, e a nossa história pode, sim, ser diferente se em nós houver fé, paciência e vontade, muita vontade de vencer. Só sei dizer que do amanhã ninguém sabe, e que nada é em vão. A gente sempre recomeça a partir de um ponto, e nunca mais volta.

Sobre a cicatriz que fica, ela significa muito. Significa processo, esforço, mudança. Significa sinais de lágrimas, dor, sofrimento. Significa que houve uma ferida que precisou ser curada, e uma história que precisou ser superada e talvez esquecida. Uma cicatriz significa que, naquele lugar, houve danos emocionais que o tempo tratou de amenizar, e lembranças de um passado ao qual decidimos não mais voltar. Uma cicatriz é um alerta de que algo não foi bom para a gente, e de que alguém também não fez bem para a gente. Mas é apenas uma cicatriz. Só existe, não dói.

RECOMECE SEMPRE QUE NECESSÁRIO E, SE POSSÍVEL FOR, COLOQUE PONTOS FINAIS NAQUILO QUE, POR MEDO DE PERDER OU DESAGRADAR ALGUÉM, VOCÊ MANTÉM NA SUA VIDA, NOS SEUS DIAS, OU DENTRO DOS SEUS PLANOS FUTUROS.

RECOMEÇAR A PARTIR DE...

Recomeçar também dói, e dói muito. Não é do zero, nunca foi. A gente sempre recomeça a partir de algo que se perdeu de nós, ou em nós. A gente sempre recomeça a partir de uma decepção, frustração, dor ou fracasso. Para alguns, o recomeço é uma nova chance, para outros, um alívio na alma, mas, para todos nós, uma ponte que nos direciona a tudo que deixamos de lado um dia por nos acharmos autossuficientes em algum momento ou situação. É como se pegássemos o que restou de nós como ponto de apoio para uma nova meta de vida. Hoje, diante de tudo o que já vivi e senti até aqui, entendo o quanto é importante nos permitirmos viver essa nova fase, ainda que fisicamente ou emocionalmente estejamos cansados, desacreditados, feridos e também desmotivados.

Não foi por acaso que você começou a ler este livro, aliás, não acredito em acasos, acredito que de cada desafio da vida tiramos lições maravilhosas e adquirimos experiências incríveis. Ninguém passa por uma situação difícil sem aprender alguma coisa. O tempo é tão professor quanto a dor e, assim como ele nos disciplina, ele também nos faz crescer.

Não é fácil recomeçar, mas também não é impossível, nem tarde demais para entendermos que o que se foi e não deu certo, o que só nos causou dor e sofrimento um dia só será mais uma página virada, não por nós, mas por tudo de extraordinário que nos acontecerá através das nossas acertadas decisões depois das perdas e dos desacertos.

Não sei em qual área da sua vida você deixou a porta bater e te trancar em um mundo cheio de pensamentos negativos e desilusões, mas te afirmo que há muito para se viver, há muito para se realizar, há muito para se construir, mesmo que tudo pareça não ter mais jeito. Neemias, quando soube que os muros de Jerusalém estavam em ruínas, chorou, se lamentou e orou. Mas, ao mesmo tempo, se posicionou e se prontificou a reconstruí-lo. A tristeza que ele sentiu diante de toda aquela destruição o encorajou a pedir permissão ao rei para reedificar os muros que serviam de proteção. Era muito necessário e urgente que ele fosse reconstruído (Livro de Neemias, Capítulo 2).

Quando os muros da nossa alma estão em ruínas, ficamos vulneráveis às desistências e às tristezas inexplicáveis. Queremos seguir, mas não encontramos força para isso. Queremos ficar de pé, mas não encontramos motivação. E, quando nos disponibilizamos às reconstruções e aos recomeços, as dificuldades, o pessimismo, as perseguições e as afrontas surgirão, porém Deus estará do nosso lado, nos orientando, nos revelando novos caminhos e novas estratégias.

Neemias enfrentou tudo isso, mas realizou a obra, ainda que fosse tão difícil para ele. Há o tempo de vergonha e de humilhação quando nos sentimos angustiados, impotentes, rejeitados e até esquecidos, mas faz parte do processo até que tudo se ajeite em nós.

Organize a sua casa interior. Se abra às mudanças necessárias e, por favor, evite remoer o que não foi bom para você. Ao se deitar, ao se levantar, ao se olhar com mais profundidade, lembre-se todos os dias de que você nasceu com propósitos e, por mais que os acontecimentos anteriores tenham lhe causado alguns danos, o agora é o momento mais oportuno para provar a você mesmo que não é o fim, que a vida continua, e que você sobreviveu às tempestades, aos ventos contrários e a tudo aquilo que, com ou sem intenção, chegou para te paralisar ou anular. Feche algumas janelas, encare as suas ruínas, se comprometa a se reconstruir, delete algumas memórias, estenda as mãos para os seus sentimentos, perdoe, se perdoe de tudo aquilo pelo que você se culpou sem dever, faça amizade com os seus pensamentos, proteja o seu coração, profira palavras positivas, que agreguem, que te encorajem, e tenha em mente que as coisas, para darem muito certo para nós, primeiro precisam passar pela vontade de Deus, que, de tão perfeita e agradável, só nos traz satisfação, alegria, certezas de novos acontecimentos e paz, muita paz interior.

O segredo de quem tem fé é sempre se permitir o novo. Não há tempo a perder, é preciso agilizar a obra e se revestir de esperança. Haverá alguns pontos difíceis, mas o importante é prosseguir. Corra.

"

HAVERÁ ALGUNS PONTOS
DIFÍCEIS, MAS O IMPORTANTE
É PROSSEGUIR. CORRA.

A PARTIR DA DOR, UM NOVO CAMINHO SE CONSTRÓI...

Não conheço a sua história, nem mesmo sei o seu nome, a única certeza que tenho neste exato momento é que os seus olhos estão fixos em minhas palavras, e o seu coração está desejando respostas imediatas para tudo o que você tem passado nestes últimos tempos. Deus te conhece bem, e é pelo fato de Ele te conhecer tão profundamente que certas situações, por mais inexplicáveis e sem sentido que pareçam ser, por mais doídas e inaceitáveis que sejam para você, fazem parte das permissões Dele no processo do seu crescimento.

O maior sonho de ABRAÃO era ter um filho, coisa que, aos olhos naturais, não poderia, por ter uma esposa já avançada em idade e estéril, por achar que o tempo havia passado rápido demais e que o seu sonho já não seria possível. Nós também passamos por esses conflitos internos quando algo muito desejado por nós está bem distante da nossa realidade. Deus deu a ele o filho esperado.

"E O SENHOR visitou a Sara, como tinha dito; e fez o SENHOR a Sara como tinha prometido. E concebeu Sara, e deu a Abraão um filho na sua velhice, ao tempo determinado, que Deus lhe tinha falado."

Gênesis 21:1-2

Ele tornou o seu desejo real e possível, porém, depois de anos, o pediu de volta:

"E aconteceu depois destas coisas, que provou Deus a Abraão, e disse-lhe: Abraão! E ele disse: Eis-me aqui. E disse: Toma agora o teu filho, o teu único filho, Isaque, a quem amas, e vai-te à terra de Moriá, e oferece-o ali em holocausto sobre uma das montanhas, que eu te direi."

Gênesis 22:1,2.

Primeiro ele sentiu a dor da desesperança e, após ter se superado, sentiu a dor da perda. Aí você se pergunta: Deus é ruim? Não, Ele é zeloso, e o que Ele quis ensinar a Abraão e a nós é que a obediência, a confiança Nele e o desapego emocional são essenciais para que coisas extraordinárias aconteçam em nossa vida. Precisamos disciplinar os nossos sentimentos e trabalhar em nós a fé, e não o medo.

Às vezes somos desafiados nas áreas mais incompreendidas do nosso ser e precisamos estar preparados para isso. A vontade divina tem que ser superior à nossa. E o nosso silêncio, associado às nossas escolhas acertadas diante de certas circunstâncias, nas quais deixamos que a razão fale mais alto que os nossos sentimentos, é primordial para o nosso crescimento e a nossa segurança diante de qualquer adversidade. Se você está em um momento complicado de sua vida, não esmoreça na fé, não pense que tudo está perdido ou que é o seu fim, porque não é.

Se você precisa fazer uma escolha importante, trabalhe o seu emocional a seu favor, olhe para a situação com maturidade e sabedoria. Faça o que precisa ser feito sem apego. Você precisa entender que, quando nos dispomos a lutar pelo que queremos e por quem queremos, é necessário que conheçamos o nosso adversário. O maior deles é o medo de não conseguirmos vencer sequer a nós mesmos. Quando Abraão renunciou ao seu filho por obediência, Deus o devolveu pela sua fé. Este processo de dor e sofrimento pelo qual você está passando é só um trabalhar do Senhor te preparando para receber Dele um grande e tremendo **MILAGRE**. Ele é fiel e não permite que nenhum de seus filhos seja envergonhado.

"

TEM UMA PESSOA INCRÍVEL DENTRO DE VOCÊ QUE MERECE VIVER, RESPIRAR, ACREDITAR MAIS EM SI MESMA, ENTENDE? VOCÊ PODE ATÉ ESTAR MUITO FERIDA(O), MAS O IMPORTANTE É QUE VOCÊ SOBREVIVEU E ESTÁ PRONTA(O), SIM, MUITO PRONTA(O) PARA SER QUEM VOCÊ É E PARA RECOMEÇAR. ORGULHE-SE DISSO E AGRADEÇA MUITO A DEUS POR CUIDAR TÃO BEM DE VOCÊ.

"

SER DIFERENTE É ACEITÁVEL, E ESTÁ TUDO BEM SER ASSIM

Os passos de um homem bom são confirmados
pelo Senhor, e ele deleita-se no seu caminho.

SALMOS 37.23

Passei boa parte da minha vida acreditando que, para ser uma pessoa bem-sucedida e feliz, eu precisava ser bem-aceita por todos, e falhei muito comigo mesma tentando abraçar o mundo com apenas dois braços, um coração e uma mente para lá de inquieta. A gente erra demais quando deixa de se admirar, delegando aos outros poder sobre os nossos sentimentos e permitindo que as deduções de algumas pessoas nos arranquem o direito de ir e vir, sabotando totalmente a nossa autoestima.

Aprendi que precisamos diariamente de nós mesmos e que, mesmo que os nossos planos falhem, mesmo que fracassemos em alguns momentos, nunca devemos desistir de nós nem do que almejamos por razão alguma. Se for da vontade de Deus, amém, estaremos no caminho certo. Mas, se não for, com certeza Ele nos honrará pela nossa perseverança e fé, endireitando os nossos passos e direcionando-os.

O segredo é olharmos para a direção da luz e acreditarmos que ela está próxima, bem próxima a nós. Temos que ter histórias, temos que nos preparar para viver o novo que está por vir, e lembrar dos fracassos passados como fatos superados, não como motivos de culpa, medo ou desilusão. Temos que desapegar do que só nos causou dor para abraçar o que nos conduz à alegria dos recomeços. Se queremos respostas rápidas para tudo o que desejamos conquistar, precisamos entender que a vida passa num piscar de olhos, e que o nosso tempo obrigatoriamente deve ser aproveitado com aquilo que realmente importa para nós.

Quem avança, cresce. Quem cresce já não teme mais o futuro desconhecido por entender que a dádiva das oportunidades deve ser aproveitada mesmo que as circunstâncias não lhes sejam favoráveis.

Ao longo da jornada, reconhecendo nossas limitações e nossos desacertos, percebemos as transformações desejadas até que, por obra de Deus, descobrimos que havia mais fé e confiança em nós do que obstáculos. A partir desses princípios, quero compartilhar com vocês alguns fatos importantes nesse processo, trazendo ao seu coração aquela intensa vontade de sair do lugar, dar a volta por cima e prosseguir, se perdoando pelas vezes em que você se autodefiniu como uma pessoa sem valor, sem chances e sem razão alguma para ser feliz e realizada. Sabe por que muitas pessoas não conseguem se sobressair em nada? Porque estão muito envolvidas com a opinião dos outros. Querem se realizar, mas se preocupam demais com o que as pessoas vão pensar em relação às suas vontades, sonhos, decisões e ações.

Diante de uma pandemia que parou o mundo inteiro, nos obrigando ao isolamento social, pude compreender o quanto a solidão é benéfica em alguns pontos da nossa vida, e o quanto somos capazes de fazer escolhas favoráveis e necessárias, causando diversas mudanças dentro da nossa casa interior. Essa liberdade que Deus nos deu tem a ver com responsabilidades individuais.

Não podemos colocar a nossa vida aos cuidados dos outros. Cada um tem a sua história. Cada um vive como quer e precisa ser aceito como é, principalmente por si mesmo. Por um bom tempo, me julguei por não ser como todos, por gostar de cantos meus, por rejeitar certos convites que, para alguns, seriam oportunidades. A minha preocupação não era comigo, o que eu sou me faz bem, a segurança que a minha identidade traz me faz bem também. O que me incomodava era não corresponder às expectativas daquelas pessoas que acreditam que é anormal ser um ponto diferente no meio de tantos iguais. Aliás, em algum momento elas descobrem que precisamos uns dos outros, sim, mas que temos o nosso espaço particular que, de vez em quando, pede para ficar arejado, sem aglomerações, sem toques, sem muita gente respirando o mesmo ar, sem muito barulho. É um cuidado que devemos ter com tudo o que diz respeito ao nosso bem-estar, à nossa alegria, às nossas conquistas e ao nosso conforto emocional.

Portanto, use a sua capacidade de adentrar em si mesmo, de fazer descobertas, de se respeitar mesmo que não seja bem-aceito por todos, de se autocuidar e de entender que este mundo do "ter que agradar a todos se desagradando" não é seu.

Planeje a sua vida da melhor maneira possível, seja ousada(o) com os seus projetos, invista em tudo o que realmente te traz satisfação, enfrente os seus desafios sem medo, se dê essa chance de não se aprisionar às deduções daqueles que não pensam como você e permita-se uma nova trajetória. É cansativo forçar o outro a nos aceitar, até mesmo porque temos nossas particularidades, mas elas não nos fazem menores ou piores do que ninguém, elas nos fazem grandes. Quem fica atirando para todos os lados a fim de ser abraçado por todos da mesma maneira irá se ferir muito. Quem não consegue ter personalidade não sonha, isso eu te garanto. E quem não sonha vive uma vida vazia. Viver em função de ganhar a atenção de todos é frustrante e não faz bem para ninguém. Gente que tem alma bonita e bom caráter não se disfarça, pelo contrário, tem prazer de se apresentar sem cerimônias. Nem Deus, que é o todo-poderoso e perfeito, conseguiu agradar a todos. Imaginemos então nós, meros mortais, cheios de falhas e imperfeições.

"

TEM COISAS QUE SÓ DEPENDEM DA GENTE. MANTER-SE COM O CORAÇÃO TRANQUILO E COM OS SENTIMENTOS PROTEGIDOS SE FAZ NECESSÁRIO, MESMO QUE O NOSSO DESEJO DE NÃO PROSSEGUIR POR CAUSA DE TAMANHAS DECEPÇÕES SEJA GRANDE.

"

SE PERDOE E NÃO VOLTE MAIS AO PASSADO.

Assim que, se alguém está em Cristo, nova criatura é;
as coisas velhas já passaram; eis que tudo se fez novo.

2 CORÍNTIOS 5:17

Existem dois lugares em que podemos estar: passado ou presente. Ambos são receptivos, mas apenas um nos dá uma visão ampla e positiva de futuro.

Todas as vezes que o meu pensamento voltava ao meu passado ruim, o meu coração doía, e cada vez que a dor era afagada pelas minhas lembranças, a minha alma não encontrava paz. Eu mesma tocava em minha ferida, não permitindo que ela fosse curada, gerando em mim desesperança e desmotivação.

Um passado indesejado e não superado é capaz de intervir no nosso presente, comprometendo todas as nossas realizações futuras. É possível seguir em frente com cicatrizes, mas jamais conseguiremos seguir em frente se elas forem abertas novamente pelos nossos pensamentos não curados.

José era o filho mais amado de seu pai, e os seus irmãos o odiaram por isso.

"Vendo, pois, seus irmãos que seu pai o amava mais do que a todos eles, odiaram-no, e não podiam falar com ele pacificamente."

Gênesis 37:4

E quando ele contou o sonho que Deus lhe deu, o odiaram ainda mais, porque era um sonho de honra.

"Teve José um sonho, que contou a seus irmãos; por isso o odiaram ainda mais."

Gênesis 37.5

José passou por muitas situações difíceis, foi ferido moralmente quando o acusaram de assediar a esposa de Potifar, foi preso, tendo que se sujeitar a muitas humilhações por causa da covardia dos outros. Com certeza, chorou muitas vezes sem ninguém ver. Ele tinha tudo para ser uma pessoa frustrada, amarga, triste e desmotivada. Mas nada disso fez com que ele duvidasse do sonho que Deus tinha para ele, ainda que as adversidades lhe mostrassem o contrário.

Às vezes, somos deixados de lado por aqueles que considerávamos irmãos, família, amigos. Às vezes, somos vendidos por aqueles a quem confidenciávamos as nossas dores, somos feridos por aqueles que, muitas vezes, abraçamos em oração e cuidado. Às vezes, somos esquecidos pelos outros, ofendidos por pessoas que tanto amamos, somos rejeitados e traídos. Às vezes, nos sentimos impotentes diante de algumas dificuldades ou perdas, mas Deus trabalha de uma forma tão linda em nossa vida que usa o tempo e as circunstâncias para nos ensinar a viver sob a sua dependência e proteção, para nos fazer descobrir que somos capazes de avançar sem carregarmos o que foi ruim nos ombros.

Aquilo que não foi bom em sua vida não define o seu futuro, mas te ensina um caminho diferente a seguir. José passou por seus piores momentos de cabeça erguida, crendo que a sua vez de honra chegaria. E chegou: ele foi honrado até por aqueles que desejaram ardentemente o seu fim. Mas não carregou consigo as feridas do passado, registrando, através do nome dos seus filhos, que o que ele sofreu tinha uma razão, um propósito, e que o seu sofrimento foi esquecido.

"Ao primeiro, José deu o nome de Manassés, dizendo: "Deus me fez esquecer todo o meu sofrimento e toda a casa de meu pai". Ao segundo filho chamou Efraim, dizendo: "Deus me fez prosperar na terra onde tenho sofrido"

Gênesis 41:50-52

Assim será com você. Não importa quem te deixou pelo caminho afora ou tentou denegrir a sua imagem por aí, acreditando que, puxando o seu tapete, conseguiria ser bem-sucedido. Não importa quantas vezes você caiu nem quantas vezes você teve que respirar fundo para não abrir mão de você.

O Senhor honrou José por sua fidelidade, perseverança e confiança. Com você não será diferente. Apenas creia e vença os desafios de cabeça erguida. Não importa aquilo pelo que você passou. É prosseguindo que você irá conquistar, crescer, vencer e se reconstruir. Sua bagagem é a sua história. Antes que você diga "eu não sirvo para nada, as coisas em minha vida estão indo de mal a pior, a minha vontade de desistir é grande, sempre foi assim, nunca dei sorte", eu te digo que a estrada de quem sonha, de quem quer ter sucesso, de quem realmente quer dar a volta por cima e abraçar aquele recomeço surpreendente é longa, árdua, espinhosa e cheia de gente vazia e sem sentimentos.

É sério, falo e repito: nada é fácil para ninguém. Às vezes, o que temos, além de um cansaço enorme na alma que tenta nos parar, é a fé. Ninguém, além de você, tem o poder de te conduzir ao topo de uma montanha. Isso faz parte do livre-arbítrio: ir e vir, fazer escolhas, prosseguir ou olhar para tudo o que já deu errado e não querer mais tentar. Tem situações que são complicadas, aparentemente impossíveis para nós, mas, para quem cuida de nós, é só uma questão de coragem, paciência e espera. Ao invés de reclamar o tempo todo e não sair do lugar, não reagir, não querer seguir em frente, faça como o salmista Davi,

"Entregue suas preocupações ao Senhor, e ele o susterá; jamais permitirá que o justo venha a cair".

Salmos 55:22

Pare de se achar incapaz pelos fracassos passados e comece a dar resultados positivos hoje, fazendo a diferença diante de tudo aquilo que chegou para te enfraquecer, desanimar ou destruir. As coisas velhas já passaram, tudo se fez novo. Se você conseguir se vencer, dominando os seus pensamentos e disciplinando os seus sentimentos, o mal que te lançaram lá atrás não terá mais efeito no seu caminho futuro, pelo contrário, só te impulsionará.

A cada vez que você olhar de forma positiva para tudo o que você já venceu antes, perceberá que a maldição se transformou em bênção, e que Deus foi te preparando nos percursos para você ser o que você é hoje. *Nada vai além das nossas forças.*

"

A CADA VEZ QUE VOCÊ
OLHAR DE FORMA POSITIVA
PARA TUDO O QUE VOCÊ JÁ
VENCEU ANTES, PERCEBERÁ
QUE O MAL SE TRANSFORMOU
EM BÊNÇÃO, E QUE DEUS
FOI TE PREPARANDO NOS
PERCURSOS PARA VOCÊ SER O
QUE VOCÊ É HOJE. NADA VAI
ALÉM DAS NOSSAS FORÇAS.

"

OS DIAS DIFÍCEIS NÃO DEFINEM O RESULTADO FINAL DE SUAS BATALHAS

É preciso ter coragem para chegar ao topo de uma montanha. Mais do que isso, é preciso ter estrutura emocional, força de vontade, sabedoria, paciência e autocontrole para ser uma pessoa bem-sucedida e realizada em todas as áreas da vida. É preciso saber fazer escolhas. Todas as pessoas que obtiveram sucesso honestamente passaram por situações difíceis, foram decepcionadas, feridas e, com certeza, desafiadas por aqueles que duvidaram de suas habilidades e até de sua força e fé. Não é fácil conquistar quando estamos rodeados de gente incrédula. Não é fácil vencer quando há um muro grande nos separando de tudo que tanto deseja o nosso coração.

Mas é possível avançarmos quando decidimos focar naquilo que é de extrema importância para nós, sem nos acovardarmos diante da opinião dos outros, sem nos de-sesperarmos diante das circunstâncias. A maneira com que Deus trabalha por nós difere daquela que nós plane-jamos e, às vezes, por não sabermos esperar e entender, deixamos com que o desespero interrompa a bênção que já estava a caminho.

Não basta desejar e orar, é preciso estar disposto a pas-sar pelos processos. É preciso ter força de vontade, per-sistência e entendimento para não se autossabotar com o tempo ou com as situações adversas que virão. Faça a coisa certa mesmo que poucos acreditem em você. Não desista na primeira tentativa nem permita que o problema que você enfrenta te convença de que nada vai dar certo.

As uvas precisam ser pisoteadas e esmagadas para se transformarem em bons vinhos, e muitas vezes precisa-mos ser provados, sim, para que as mudanças necessá-rias aconteçam e nos impulsionem ao novo, mesmo que a princípio nos assustem ou nos cansem.

Mova-se. Já ouvi e escrevi várias vezes que, lá na fren-te, a gente vai entender o porquê de muitas coisas. Eu continuo acreditando nisso. Ter certeza de que algo está acontecendo em meio a uma ventania é muito compli-cado, principalmente quando a nossa alma começa a sentir dor e o nosso pensamento começa a nos oprimir, nos fazendo lembrar que somos humanos e que nada podemos fazer diante daquela situação, daquele problema, daquele amor que a gente tanto espera, daquele sonho que é tão grande, daquela transformação que a gente almeja em alguém ou em nós.

No entanto, na dimensão espiritual tudo acontece de forma diferente. Lá os anjos trabalham em cima do impossível através das nossas orações e a resposta chega a nós em forma de milagres. Se você puder fechar os seus olhos nesse exato momento, por favor, feche, você vai entender o que falo pelo mover Daquele que tem o controle de tudo, pelo poder Dele em cada área da sua vida e pelo amor que Ele tem por você.

Quando fechamos os nossos olhos com fé, somos levados a um lugar de possibilidades, de onde ninguém pode nos arrancar. Creia nisso!!! E tire os seus olhos daquilo que não produz milagre em você. Coloque a sua vida, o seu coração e os seus sonhos nas mãos de Deus e não tire, por favor. Coloque tudo o que você não consegue carregar ou resolver sozinho. Mas não se esqueça que a responsabilidade de exercer a fé, se posicionar e crer é sua. Não se esqueça de que Deus age na situação conforme a vontade Dele para a sua vida, e que você não pode e não deve agir pelo seu sentimento nem pelo desespero. Não temos noção de como Ele trabalha, mas sabemos que Ele nos protege, que Ele nos livra de todo mal, que Ele guerreia por nós e faz coisas extraordinárias acontecerem. Somos limitados pela nossa condição humana, mas totalmente fortalecidos e preparados pelo seu mover sobrenatural. Ele não te dá nada sem que você tenha condição de cuidar, construir, assumir ou possuir.

Você deve aprender que não é o que vem do outro que faz com que você se sinta uma pessoa melhor e importante, mas o que vem de dentro de você, por você mesma(o). Às vezes, deixamos de realizar grandes coisas porque nos acomodamos dentro de uma fé morta, sem ação, sem motivação, sem mudanças.

Desejamos, mas não batalhamos para ter. É difícil imaginar que uma borboleta já foi lagarta, mas, para encantar os nossos olhos com a sua beleza, primeiro ela precisou passar pela fase da sobrevivência, produzir o seu próprio abrigo para se proteger dos predadores, sentir na pele suas mudanças mais incríveis e se esconder dentro de um casulo até que estivesse preparada para rompê-lo e voar. Isso não aconteceu da noite para o dia. Elas não fazem ideia de como serão os seus voos e – faço agora uma observação bem pessoal – não pousam em lugares que remetem a perigo.

Se quisermos que algo novo aconteça em nossa vida, precisamos estar dispostos e atentos aos desafios. Precisamos entender que somos nós que construímos o nosso ambiente de proteção e que, independentemente da situação, é necessário que rompamos as barreiras que nos impedem de alçar voos. Quando Deus está na direção da nossa vida, o que se constrói através da nossa fé e da confiança Nele são possibilidades.

"Porque, como imaginou na sua alma, assim é;"

Provérbios 23:7

SE POSSO TE DAR UM CONSELHO NESSA IDADE TODA QUE TENHO, GUARDE O SEU CORAÇÃO DO MAL QUE CHEGA DEVAGAR, DO LOBO QUE SE VESTE DE AMIGO E DO SENTIMENTO QUE SE DISFARÇA DE AMOR. NÃO SE PERCA DE VOCÊ POR NADA NESSA VIDA E APRENDA A SE CUIDAR MESMO QUANDO O AMOR DE ALGUÉM LHE FALTAR.

SAIBA LIDAR COM OS DISTANCIAMENTOS

Nem todos vão ficar em sua vida

Tenho muita dificuldade em deixar ir. Somos ensinados a construir relações saudáveis, e ninguém entra em nossa vida com um selo de validade pregado na testa nem com um termo de garantia. Tudo é construído pelo sentimento, pelas permissões que damos e pela confiança que depositamos. Tem pessoas que chegam se abrigando em nossa alma, causando mudanças visíveis e precisas. Fazem-nos acreditar naquele "para sempre" que todo mundo diz por aí e nos guardam dentro de sua paz sem nos dizerem até quando pretendem ficar, e tudo o que queremos é deixar as coisas acontecerem. Contudo, não nos preparamos para as decepções nem para os distanciamentos inesperados.

Muitas coisas fogem ao nosso entendimento e ao nosso controle, mas do controle de Deus nada sai, e Ele, como Pai, sabe realmente o que é melhor para cada um de nós.

Talvez, lá na frente, em um futuro distante, a gente perceba com mais sensatez a real presença dessas pessoas em nossa vida e por que não permaneceram. Uma certeza podemos ter: sem respostas não ficamos. Alguns afastamentos são necessários, sim, para que os caminhos sejam liberados para nós e para que possamos caminhar sem pesos, sem culpas, sem cobranças indevidas, sem pensarmos que somos inúteis por não podermos agradar o tempo todo.

Às vezes estamos carregando nas costas quem deveríamos carregar apenas em nossas orações. Tem muita gente morrendo aos poucos acreditando que se deixar de lado pelos outros é um ato de amor, e eu te afirmo que não é. Uma pessoa doente emocionalmente não consegue de maneira alguma cuidar de alguém. Por mais que ela se esforce, vai sempre se cobrar pelo que não fez por si mesma, vai sempre se lamentar pelo tempo que passou e pelas coisas que ainda não conquistou, vai sempre pensar que poderia ter feito mais.

Não estou falando de egoísmo, não me interpretem mal, por favor, estou falando de fortalecimento, de gente encorajada e pronta para fazer o bem a alguém. Estou falando de cura da alma. Quando estamos bem com o nosso próprio coração, tudo o que fazemos pelos outros, ainda que eles não reconheçam, nos traz satisfação e uma sensação maravilhosa de dever cumprido. Há guerras em nós que precisam ser vencidas antes de assumirmos novas batalhas, e isso só se faz quando nos retiramos um pouco e cuidamos de nós, das nossas feridas e dos nossos sentimentos.

Você não pode abraçar o mundo com as mãos ou se culpar pelos que se foram sem dizer adeus, acreditando que aguenta ir adiante com esse fardo nos ombros. Portanto, pare um pouco, respire, descanse no colo de Deus, ore, chore, se renove em fé e forças para que, além de ajudar alguém, você possa de alguma forma se sentir realizada(o). Você precisa de descanso, e muitas vezes os afastamentos contribuem para isso.

Ninguém quer perder ninguém. Mas há livramentos que incluem pessoas tóxicas ou ingratas em relação a tudo de bom que já usufruíram de nós. Às vezes, precisamos deixar ir, outras vezes, somos nós que precisamos ir. A parte mais estranha de uma história é quando precisamos ir embora de lugares que não nos acolhem. É quando o que pensávamos ser a escolha certa começa a nos levar para os caminhos errados, e a nossa alma percebe que nela não há mais paz, respeito, amor, valor e liberdade. É quando descobrimos segredos sobre nós mesmos que as obrigações geradas por nossa vontade de avançar nos impediram de conhecer. De vez em quando, precisamos perguntar *quem somos* e *o que queremos* para nós mesmos antes mesmo de darmos um passo à frente. Também devemos nos questionar sobre quais sãos os propósitos da nossa existência sem ficarmos tão apegados ao que as pessoas à nossa volta criam sobre nós.

Ninguém está neste mundo só para fazer parte do mundo de alguém ou para agradar a todos. Temos a nossa própria história e, às vezes, por carência, medo da solidão, pressa ou impaciência assinamos um contrato malfeito com a vida e nos sujeitamos a aceitar o "qualquer":

- qualquer sentimento,
- qualquer relacionamento,
- qualquer emprego,
- qualquer vida.

Quando aceitamos o "qualquer", acreditamos que ele é parte dos planos de Deus para nós. Até que as circunstâncias nos revelam que perdemos tempo demais dentro de um cenário construído pelas urgências do nosso coração.

SAIA DO LUGAR

Tudo bem, também acredito que nada é em vão, que tudo é uma experiência, que crescemos bastante até com os percursos errados, que nos fortalecemos com os desafios. Mas não podemos permanecer onde não cabemos, até mesmo porque feridas não tratadas colocam em risco todo o nosso organismo afetivo, nos transformando em pessoas frustradas, vazias, amargas, desmotivadas e desesperançosas.

Ter uma vida perfeita não é sinônimo de ter uma vida feliz. Tudo pode até estar em perfeita ordem quando observado a olho nu, mas nada se compara à satisfação do ser e ter com propósitos. Pode ser que você esteja vivendo um momento assim, em cima do muro, sem saber o que fazer, como agir, sem entender por que nada vai para a frente em sua vida, e talvez você esteja se mantendo em lugares que já deveriam ter sido deixados para trás.

Às vezes, precisamos sair do lugar, quebrar padrões, criar regras positivas que irão realmente causar mudanças incríveis – e totalmente necessárias – em nossa vida. Talvez ir embora signifique reaprender a viver sem acusações internas. Creio muito nisso e sei o quanto é complicado não conseguir ver o sol direto da nossa janela porque há outra de frente minando a nossa visão, o quanto é difícil não conseguir ser a gente mesmo quando o mundo à nossa volta tenta nos responsabilizar por coisas que não cabe a nós resolver, quando nós mesmos nos culpamos por acontecimentos passados que não foram gerados por nós.

Enfim, temos que parar de adiar as partidas, esperando que alguma coisa mude. Você já parou para pensar em tudo aquilo de que você já abriu mão só para ver outra pessoa bem e, no final das contas, ela seguiu a vida, se realizou e nem olhou para trás? Tudo bem, foi por uma boa causa, parabéns pelo seu ato, mas agora é a sua vez de ir, sair do lugar, investir em você, se dar uma chance e começar a entender que:

Você tem um sonho: LUTE POR ELE,

Você tem uma vida RESPEITE-A,

Você tem sentimentos SE VALORIZE.

"

HÁ SEMPRE UM MILAGRE
PRESTES A NOS ABRAÇAR
PELO CAMINHO, HÁ SEMPRE
UMA BÊNÇÃO DESEJADA
VINDO EM NOSSA DIREÇÃO.
DEUS NÃO FALHA!
ELE REALMENTE NÃO
SOLTA A NOSSA MÃO.

"

NO FUNDO DO POÇO HÁ GRANDES LIÇÕES

Já estive no fundo do poço por vários motivos, e muitos me viraram as costas. Não estou aqui para respingar ressentimentos em ninguém. Deus trabalha de um jeito bem particular, nos dando ensinamentos incríveis nas piores situações. Não é fácil se ver dentro de um lugar escuro, sem respostas, sem saída, sem beleza, sem esperança, mas, quando o nosso coração reage e começa a estudar uma estratégia acreditando que tudo é possível, a nossa visão muda e, ao invés de ficarmos nos lamentando por tudo, começamos a buscar algum recurso que nos tire do lugar onde não devemos estar.

O fundo do poço não pode ser a nossa morada, mas, se chegamos a ele, com certeza, algo precisamos aprender em relação a tudo o que vivemos antes de cair.

Como você era? Quais eram os seus planos? Quais foram as suas escolhas e decisões? Quem realmente caminhava junto com você? Como você lidava com as pessoas que estavam à sua volta? Como você lidava com você mesmo? Como você lidava com as críticas e com o seu suposto crescimento, que até então parecia te fazer bem? A autossabotagem começa quando tiramos os nossos olhos daquilo que é necessário e importante para o nosso crescimento tanto espiritual quanto emocional, focando só no que é agradável para a gente. Nem sempre o que é agradável é saudável.

Posso te dizer com propriedade, diante das batalhas que enfrentei e desses questionamentos que me fiz, que as seis lições que tirei lá do fundo foram maravilhosas e essenciais para os novos capítulos da minha história:

1. AS LÁGRIMAS LAVAM A LAMA (CHORE)

O coração também pesa, sabia? Quanto mais SUJO ele fica, mais nos atrasamos na vida. O choro desengasga a alma, abre espaços, nos liberta das mágoas, tira os empecilhos, nos impulsiona. Tem coisas que não contamos para ninguém, mas guardamos para nós mesmos; talvez, por nos acharmos super fortes, nos tornamos supercovardes conosco.

Os nossos dias são corridos, as nossas lutas diárias quase não nos dão tempo para pedir um ombro amigo, e há situações em que realmente somos só nós e Deus, mais ninguém.

Vamos precisar desse tempo muitas vezes, e dessas reações inesperadas também, como querer chorar feito criança. Acreditem: tem motivos, tem provas, tem algo por trás das nossas lágrimas; se não for alegria, é dor, mas elas são importantes, necessárias, significativas e libertadoras.

Só precisamos entender que as nossas lágrimas não devem ser usadas como uma busca por piedade. As nossas lágrimas não são para os outros, são para nós, para nos curar, nos fortalecer, nos aliviar de dentro para fora. A Bíblia nos relata a história de Ana, que orou a Deus lhe pedindo um filho, chorou diante Dele sua dor e amargura. Ela não precisou insultar ninguém para se sentir forte, pois reconheceu que precisava de um encontro mais profundo com Aquele que poderia resolver a sua situação. Após chorar, ela se sentiu aliviada e voltou a fazer o que, antes, o sofrimento não permitia. Teve ânimo, e alegria também. _A sua oração, em lágrimas e súplicas, foi atendida._

2. É ESCORREGANDO QUE ADQUIRIMOS EQUILIBRIO E PRUDÊNCIA

No desespero não encontramos respostas. Dentro das nossas urgências, o risco que corremos de nos ferirmos ainda mais é maior. Os escorregões são os resultados da nossa impaciência e do nosso descontrole emocional. Você nunca conseguirá sair de uma situação difícil ou se livrar de alguns problemas se não souber se ouvir, se não se permitir aprender, se não desenhar de forma sábia uma saída que te leve realmente ao lugar certo, se não ouvir Deus.

A fé vem pelo ouvir, esse é o seu grande momento. Isso leva tempo, mas vale a pena. Reflita sobre tudo o que você deixou de fazer por você, pense nas vezes em que você, sem pensar, tomou decisões impulsivas no lugar de aguardar uma sabedoria necessária. Traga à sua memória as vezes em que você não se importou com os seus maiores valores por acreditar que certas ocupações eram bem mais importantes. Reveja suas atitudes.

O fundo do poço, apesar de ser fundo, não é o fim. Pelo contrário, é o início de tudo. Lá você aprende que, para subir, tem que se limpar, tem que se equilibrar, tem que olhar para cima, tem que tentar, tem que sair sem querer voltar, tem que mudar os pensamentos e depender apenas de Deus. *Não são os outros, é você o responsável total pela sua volta por cima.*

3. É PARA CIMA QUE SE OLHA

Há quem diga que no fundo do poço há uma molinha de impulso. Mas, se estivermos focados apenas em sair pelo impulso, sem nenhum aprendizado, com certeza o visitaremos em breve novamente e, talvez, sem chances de retorno. Vale lembrar que a história que Deus escreveu para sua vida ninguém muda.

As circunstâncias podem até tentar mudar os percursos dos seus grandes acontecimentos, mas não podem interferir no que já foi divinamente planejado para você. Assim disse o salmista Davi:

"Elevo os meus olhos para os montes, que do Senhor vem o meu socorro..."

Salmo 121

Ele, em sua humildade, estava dizendo que a situação estava difícil, mas seus os olhos estavam voltados para Aquele que estava acima de qualquer problema, adversidade, dor ou sofrimento. Ele quis dizer, também, que reconhecia a soberania e o cuidado de Deus em sua vida.

PSIU, tire os seus olhos do que aflige a sua alma e foque Naquele que já está agindo na sua causa, que está cuidando muito bem de você e dos seus.

Não se desespere diante da situação nem permita que uma voz negativa te faça desistir de nada. Eleve os seus olhos para os montes e saiba que, acima de tudo, te guardando, te protegendo, te fortalecendo, te livrando de todo o mal e te colocando acima de qualquer vento que sopre contrário à sua vida está Aquele que pode causar uma grande transformação em sua história.

4. CRESÇA NA DIFICULDADE

Podemos plantar nas dificuldades e crescer através delas, gerando em nós bons frutos. José, no Egito, prosperou ainda sendo escravo. Dentro da sua dor, ele viu possibilidades de crescimento porque Deus era com ele. O tempo, que era ruim para ele, se tornou favorável e lhe abriu portas inimagináveis.

José foi odiado, traído e vendido pelos seus irmãos, mas Deus deu continuidade à sua história. Aos olhos humanos ele jamais chegaria a ser governador. Ele foi rebaixado, esquecido, acorrentado e se sentiu totalmente fora da sua zona de conforto. De filhinho amado de seu pai, se tornou escravo e teve que se sujeitar a muitas humilhações, mas Deus sempre era com ele. O seu campo de preparação foi o Egito. Lá ele aprendeu o segredo da fé, tendo que acreditar em um sonho mesmo não vendo nada acontecer. Pasmem: tudo o que ele fazia prosperava, tanto que ganhou a confiança de seu senhor, Potifar.

"E o SENHOR estava com José, e foi homem próspero; e estava na casa de seu senhor egípcio. Vendo, pois, o seu senhor que o SENHOR estava com ele, e tudo o que fazia o SENHOR prosperava em sua mão, José achou graça em seus olhos, e servia-o; e ele o pôs sobre a sua casa, e entregou na sua mão tudo o que tinha."

Gênesis 39:2-4

Prospere, você pode. Reinvente-se, você pode também. Os processos são árduos, mas neles há aprendizado e crescimento. Não faça do seu problema um motivo de autopiedade, você não precisa disso para ser notado, admirado ou reconhecido. Você só precisa acreditar que não está só, e que a bênção está com você.

A mesma promessa que Deus fez para Josué quando ordenou que ele assumisse o lugar de Moisés após a sua morte, Ele está fazendo para você...

"Todo o lugar que pisar a planta do vosso pé, vo-lo tenho dado, como eu disse a Moisés."

Josué 1.3

5. RECONHEÇA QUEM SÃO SEUS AMIGOS

Muitos desejam ter a paciência de Jó, mas nunca ouvi alguém desejar ter as suas chagas, tanto físicas quanto emocionais. Ele teve perdas irreparáveis, dores inexplicáveis, uma esposa abalada e descrente por causa de tudo pelo que passaram *e muita tristeza na alma por tudo que perdeu dentro* de um curto espaço de tempo *(bens, filhos, saúde). Jó chegou a amaldiçoar o dia em que nasceu e a se lamentar por tanta desgraça em sua vida.*

"Depois disso Jó abriu a boca e amaldiçoou o dia do seu nascimento."

Jó 3:1

Foi preciso que o seu amigo Elifaz lhe lembrasse das vezes em que ele ajudou a muitos na fé para que ele pudesse exercê-la na própria vida, lhe trazendo à memória a sua imensa confiança em Deus (ainda bem que amigos verdadeiros existem). Às vezes, de tanta decepção, acreditamos que ninguém está do nosso lado. E nos enganamos. Há sempre alguém torcendo pela gente em nossos piores momentos.

O amigo de Jó assistiu ao seu sofrimento e fez com que ele lembrasse do quanto ele era abençoado, do quanto a sua fé era necessária e forte.

"O homem de muitos amigos deve mostrar-se amigável, mas há um amigo mais chegado do que um irmão."

Provérbios 18:24

No entanto, há aqueles que desejam ter a vida que você tem, ou apenas não querem te ver bem, e por isso tentam te diminuir, mesmo sabendo muito bem quem você é e que, com certeza, não aguentariam carregar as suas dores e aflições. Não conseguiriam vencer metade das batalhas que você já venceu. Nem por um segundo sequer conseguiriam se manter de pé diante de cada situação pela qual você já passou.

Para alguns, é bem mais fácil te criticar ou fazer chacota com o seu nome do que conhecer a sua história ou, pelo menos, respeitá-la.

Portanto, segue o seu caminho de cabeça erguida, pois o seu *REDENTOR* vive, e os planos Dele não serão frustrados em sua vida. Ele vive e trabalha por você. Ele tudo pode, Ele tudo vê. Nada passa despercebido aos seus olhos. E tem mais: aquilo que, para você, é demorado, para Ele é em um estalar de dedos. Fica quieta(o) no seu canto e deixa Ele agir.

Fica na sua, silencia e deixa Ele fazer a obra que precisa ser feita. Não importa quem não acredita, ninguém O impede de nada. Psiu, vem cá, deixa eu te dizer bem baixinho: *MAIOR É ELE.*

6. PERDOE PARA SER LIVRE

Eu também preciso de tempo para perdoar o mal que me fazem. Sou humana, sinto dor, me decepciono. Obviamente, quando a ferida é aberta na gente, é muito difícil olhar como se nada tivesse acontecido para a pessoa que nos feriu e dizer: eu te perdoo. Também tenho um temperamento em reconstrução: preciso respirar fundo, me dar um tempo, pensar e repensar para chegar à conclusão de que errei com alguém. Também sou um ser decepcionante.

Não é fácil mesmo lidar com o nosso coração quando o assunto é perdoar, se perdoar, pedir perdão. No entanto, esse é o único caminho que nos liberta da dor e faz com que a nossa consciência se abrigue na paz, além de nos aproximar mais de Deus.

O que Jesus mais fez foi amar, curar, libertar, trazer vida, apregoar o amor e realizar milagres. Mesmo assim, muitos dos que o conheceram estavam ali, naquele caminho por onde ele passou carregando aquela cruz, dizendo: *CRUCIFICA-O*.

Cuspiram nele, o humilharam, o difamaram, riram da sua fraqueza humana, aplaudiram o seu sangue derramado e não se importaram com o seu sofrimento, porém, mesmo ferido, cravado naquela cruz, Ele pediu a Deus que perdoasse a todos, porque eles não sabiam o que estavam fazendo, inclusive aquele ladrão na cruz, que passou uma vida errando e, no último momento, pediu para estar com Ele no Paraíso.

Jesus não esperou a dor passar, as feridas cicatrizarem ou vencer a morte para rogar ao **PAI** por todos, Ele venceu a si mesmo por todos.

Portanto, ainda que seja muito difícil perdoar o mal que nos fazem, precisamos nos lembrar que alguém morreu por nós, ressuscitou ao terceiro dia e continua de braços abertos nos perdoando pelas numerosas falhas que cometemos quando a nossa condição humana fala mais alto que a nossa razão.

Jesus venceu e nos ensinou da maneira mais sofrida – e, ao mesmo tempo mais linda –, que maior é aquele que vence a si mesmo, e que livre é aquele que sabe perdoar sem carregar consigo rancor e desamor.

Nada disso é fácil, não acontece da noite para o dia, mas é muito necessário para que a nossa alma sinta o prazer dos sentimentos livres, mesmo que o outro não mereça...

"

SE VOCÊ CONSEGUIR SE
VENCER, DOMINANDO AS
SUAS AÇÕES E DISCIPLINANDO
OS SEUS SENTIMENTOS, O
MAL QUE TE LANÇARAM
LÁ ATRÁS NÃO TERÁ MAIS
EFEITO NO SEU CAMINHO
FUTURO. PELO CONTRÁRIO,
SÓ TE IMPULSIONARÁ.

"

DAS DESISTÊNCIAS AO MAR ALTO...

Depois de uma noite inteira tentando pescar sem nada conseguir, ao amanhecer, Pedro desistiu. Ele já estava cansado, vivendo pelo costume, estressado e sem motivação. De longe Jesus o observava e, quando o viu retornar com sua rede vazia, entrou no barco dele, mandou que ele se afastasse da terra, deu-lhe uma palavra de fé e ordenou que ele fosse para o **MAR ALTO** e lançasse a rede novamente. Pedro lhe disse:

"Mestre, havendo trabalhado toda a noite, nada apanhamos; mas sobre a tua palavra, lançarei a rede."

Lucas 5:5

Vou te revelar algo tremendo do Senhor: o melhor que Ele tinha para Pedro não estava na superfície, mas na profundidade do mar. Lá havia riscos, tempestades, ventos fortes, mas também havia peixes. Lá, no mar alto, Pedro teve a oportunidade de pescar em lugares profundos, onde ele nunca imaginara chegar. As redes se romperam de tantos peixes que pescaram (detalhe, no mar alto).

Preste bem atenção no que vou lhe dizer: saia da superfície (comodismo, medo, angústia), posicione-se em oração e não tenha medo da fúria do mar. Não é por costume, é por fé e obediência. É na profundidade do seu ser que Deus trabalha, muda e transforma. Ele quer romper as suas redes e te fazer entender o quão grande é o amor Dele por você.

Pedro era pescador, sabia quando o tempo estava bom ou ruim para pescar, porém a confiança dele não estava sob o comando do tempo, mas sob o cuidado Daquele que tem o total controle sobre o tempo. Eu não sei qual é a sua luta, nem por que essa dor te corrói alma adentro, mas acredite: é nesse mar revolto, cheio de altos e baixos, que você será honrada(o). É nessa batalha, que muitos acreditam ser perda de tempo, que você levantará a bandeira da vitória.

Sozinha(o) você não está.

"E sabemos que todas as coisas contribuem juntamente para o bem daqueles que amam a Deus, daqueles que são chamados segundo o seu propósito."

Romanos 8:28

Quando amamos a Deus sobre tudo e todos e o colocamos acima de todas as coisas em nossa vida, por mais dificuldades que tenhamos que enfrentar, Ele estará sempre na batalha por nós. Ele assumirá a nossa causa por mais complicada que pareça ser e, do visível ao escondido, de todo o mal Ele sempre nos livrará.

Deus não falha, e as promessas que Ele fez para nós se cumprirão no tempo devido. *Crê somente!* Todas as coisas contribuem para o nosso bem quando O colocamos em primeiro lugar.

"

HÁ SEMPRE UMA ESPERANÇA,
HÁ SEMPRE UM CAMINHO
NOVO, HÁ SEMPRE PESSOAS
DO BEM DO NOSSO LADO,
DISPOSTAS A NOS AJUDAR, HÁ
SEMPRE O MELHOR PARA NÓS,
EM QUALQUER SITUAÇÃO. O
QUE NÃO PODEMOS FAZER, DE
MANEIRA ALGUMA, É DEIXAR
DE ACREDITAR, DE AGRADECER
E DE ORAR, NÃO SÓ PELO
PÃO NOSSO DE CADA DIA,
MAS PELA DÁDIVA DE VIVER.

"

NADA É PARA SEMPRE

Bom seria se as coisas boas acontecessem para nós sem que nos trouxessem dor ou sofrimento; se os nossos sonhos se realizassem sem nos cobrar esforços.

Não podemos evitar as situações difíceis, todos nós estamos sujeitos a ganhar, a perder, a passar por certos constrangimentos e, também, a ter que encarar certos desafios. Não estamos livres dos desconfortos da vida, das insatisfações, das decepções e dos fracassos. Não estamos imunes à maldade alheia.

Podemos até tentar fugir das situações, mas jamais conseguiremos escapar das nossas responsabilidades. Viver é uma dádiva. Dormir sem saber o que vai acontecer no dia seguinte e acordar surpreso com a nova oportunidade dada por Deus é um milagre. Preciso ressaltar que gente bem-resolvida na vida tem problemas e pendências, é normal e está tudo bem.

Precisamos nos desejar melhoras diárias, precisamos nos assumir, entender que somos humanos, sujeitos a erros e acertos, mas com um desejo enorme de crescer e de aprender. Nada é para sempre. Os fins nos convidam aos recomeços.

Ciclos se abrem, outros se fecham. Pessoas entram em nossa vida causando mudanças, outras se vão deixando ensinamentos incríveis para nós. Algumas amizades se refazem, outras não. Algumas coisas voltam, outras não. Algumas relações nos trazem aquela esperança boa de que confiar ainda é possível, outras não. A gente acerta, a gente erra também. Há um tempo certo para tudo, portanto haverá sempre mudanças em nós.

As dificuldades vêm, mas passam; as dores vêm, mas passam também. Os cansaços na alma costumam nos desanimar, mas Deus sempre nos traz respostas inesperadas e satisfatórias quando Nele depositamos a nossa total confiança. Não podemos, de maneira alguma, permitir que as más situações nos façam duvidar disso. É nessas tempestades desavisadas que descobrimos o quanto somos fortes e o quanto podemos suportar seja lá o que for. No final, a gente sempre vence.

Nada acontece por acaso. Nada chega em nossas mãos sem antes sermos preparados.

"

A VIDA PEDE PARADAS OBRIGATÓRIAS E, SE RECLAMARMOS AO INVÉS DE ORARMOS, PERDEMOS AS EXPERIÊNCIAS DO PERCURSO. NEM TUDO É DO NOSSO JEITO, NEM SEMPRE VAMOS GANHAR DE PRIMEIRA, AS TENTATIVAS SERÃO ÁRDUAS, MAS, QUANDO NOS COLOCAMOS AOS CUIDADOS DAQUELE QUE TUDO PODE FAZER POR NÓS, AS COISAS SE AJEITAM, SIM, O CORAÇÃO GANHA FORÇAS, O FARDO, QUE ANTES ERA PESADO, SE TORNA LEVE, E A PAZ COMEÇA A REINAR EM NÓS.

"

USE A PAUSA COM MODERAÇÃO...

Refletindo um pouco sobre alguns acontecimentos em minha vida, pude entender o quanto Deus é maravilhoso em Seus cuidados e proteção, o quanto Ele é sábio em nos direcionar a fazer escolhas certas, ainda que elas nos causem dor. Nada é por acaso, assim como nada é para sempre. Tudo é aprendizado. Tudo é experiência e lição. Eu acredito muito nisso, e acredito também em tempo certo, em colheita, em reviravolta e em consequências.

O que não podemos, de maneira alguma, é nos culpar pelo que não deu certo, nem permitir que a maldade humana nos impeça de crer no poder de Deus em nossa vida, na justiça, na proteção e no imenso amor Dele por nós.

Independentemente da sua situação atual, não se sinta menor nem incapaz. Seja sempre uma pessoa de valores relevantes e acredite sempre em você mesma(o), ainda que alguém tente te diminuir, ofender, ferir ou, simplesmente, te enfraquecer em relação ao que ela acredita ser perda ou derrota para você.

Esteja pronta(o) para aprender com as quedas e não saia do seu lugar. Há, sim, um mover do alto te fortalecendo e te mostrando qual caminho seguir. É para a frente que se olha, é em direção ao que realmente nos faz crescer e ser felizes que devemos caminhar.

Se preciso for, coloque uma vírgula em sua história – ela representa descanso – e se dê uma chance de paz. Viva os seus dias como se fossem os primeiros da sua vida, abrace o agora que tanto te convida a prosseguir, queira muito bem aos outros e a você também.

Envolva-se com os seus sonhos ocupando o seu tempo com aquilo que te trará respostas favoráveis, sinta-se plena(o) para voar novamente. Passe pelos processos em silêncio, tente não culpar ninguém pelos seus sofrimentos repentinos, perdoando a quem você precisa perdoar.

Hoje bato palmas para quem passou na minha frente, para quem venceu a luta, para quem levou o troféu tão sonhado, mas levanto uma plateia para mim, que me superei quando a tristeza e as desistências tentaram me consumir.

O melhor vinho vem das uvas esmagadas pelos pés daqueles que não têm noção do quanto estão contribuindo para uma grande transformação. Nele há cor e sabor. A gente apanha, mas em tudo a gente realmente aprende. Tudo passa. Tudo muda em nós: pensamentos, sentimentos e até o comportamento. Já não somos mais os mesmos, já não aceitamos mais qualquer coisa, já não vacilamos como antes, já não nos descuidamos mais.

Não fuja de suas responsabilidades nem tente acobertar os seus erros. Tentar outra vez, assumindo o que não deu certo, é e sempre será uma reação do seu bom caráter e da sua tamanha vontade de seguir em frente até alcançar o que realmente importa para você.

"

A VIDA NÃO É FÁCIL PARA
NINGUÉM. A CADA DIA QUE
PASSA, MAIS ESTREITO FICAM
OS NOSSOS CAMINHOS. MAS...
QUER SABER? FELIZ É AQUELE
QUE CONFIA EM DEUS!

"

VOCÊ É MUITO CAPAZ

Já passou pelo meu pensamento desistir de alguns sonhos por me achar incapaz, talvez pequena demais diante de tudo o que eu teria de enfrentar para realizá-los, mas sempre acreditei que, apesar das lutas, apesar das minhas limitações e falhas, há um Deus muito grande cuidando da minha vida.

Não sou perfeita, e tudo bem. A gente só não pode se autodesmerecer por nada, nem mesmo por quem não tem a mesma fé que a gente. Tudo tem o seu tempo e, quanto mais acreditamos, mais vitoriosos, reconhecidos e fortalecidos nos tornamos.

E você? Quando foi que você deixou de viver? Quando foi que você desistiu de um sonho porque não se achou merecedor dele? Vejo tantas pessoas sofrendo por esses abandonos repentinos, arrependidas de não terem lutado mais, se dedicado mais, se arriscado mais um pouco.

Vim te dizer que há vida em você e que ainda há tempo. Você só precisa se permitir, se perdoar, perdoar todos que não apostaram em você e parar de buscar um culpado por tudo o que já te aconteceu de ruim. A solução do momento é confiar que Deus está do seu lado e que Ele tudo pode fazer.

A vida não é fácil para ninguém. A cada dia que passa, mais estreito ficam os nossos caminhos. Mas... Quer saber? Feliz é aquele que confia em Deus, que acredita em seus propósitos e que não desiste na primeira tentativa. Feliz é aquele que sonha e que se compromete a realizar os próprios sonhos ainda que os ventos contrários soprem forte.

Tudo é uma questão de coragem e fé. Tudo é uma questão de força de vontade e perseverança. Comece a se olhar de um jeito diferente. Não reclame de nada, apenas exerça a sua gratidão e faça valerem a pena os seus esforços, as suas habilidades, o seu talento.

Tenha pensamentos bons, ignore críticas não favoráveis ao seu crescimento, saiba lidar com as dificuldades de cabeça erguida, entenda os processos, aceite as experiências e tire uma lição de tudo. Há sempre outro dia por vir, nos refazendo daquilo que não foi bom e nos apresentando novas saídas, novas estratégias, novas ideias e uma grande estrada que nos direciona ao impossível. Floresça.

E seja sempre uma bênção nos lugares onde Deus te colocar, e uma potência naquilo que Ele te capacitou a conquistar. Já deu tudo certo.

"Não fui eu que ordenei a você? Seja forte e corajoso! Não se apavore nem desanime, pois o Senhor, o seu Deus, estará com você por onde você andar."

Josué 1:9

Essa foi a ordem de Deus dada a Josué quando este assumiu o lugar de Moisés, e essa é a mesma ordem que Ele dá a você. *Esforça-te.*

"

QUANDO VOCÊ SE TRATA
DEVIDAMENTE BEM, SE
POSICIONANDO EM SEUS VALORES
SEM DELEGAR AO OUTRO PODER
SOBRE OS SEUS SENTIMENTOS,
SEM RESPONSABILIZÁ-LO PELA
SUA ALEGRIA, PELAS SUAS
REALIZAÇÕES OU PELA SUA
IDENTIDADE, VOCÊ SE PROTEGE
DO DESMERECIMENTO E APRENDE
A LIDAR COM AS SUAS EMOÇÕES
SEM PERMITIR QUE QUALQUER
SENTIMENTO CONTRÁRIO AO
AMOR TE FURTE O DIREITO DE
SER QUEM VOCÊ REALMENTE É.

"

TÁ VENDO AÍ?

As coisas começaram a dar certo para você. As portas estão se abrindo, o novo está te abraçando, tudo está tão diferente em sua vida!

Tá vendo, aí? O quanto você está sendo abençoada(o), o quanto você cresceu dentro de dificuldades que pareciam ser intermináveis.

Tá vendo, aí? O seu choro durou longos dias e poucos se importaram com o seu sofrimento, a sua dor, a sua indignação diante do mal que te fizeram, mas as suas tão esperadas alegrias começaram a surgir junto com o sol que está voltando a brilhar em sua alma. Você venceu. E se venceu.

Tá vendo, aí? Cada batalha que você enfrentou tinha uma razão, cada afronta que você aguentou calada(o) tinha um propósito.

Tá vendo, aí? Tanta coisa mudou. Pensaram que você permaneceria no chão, que a tristeza te consumiria, que você seria a pessoa mais fracassada do mundo, que, te ferindo, conseguiriam te anular, que estariam levando o troféu no seu lugar. Mas você, de um jeito tão sensato e sábio, saiu de cena e deixou Deus trabalhar.

Tá vendo, aí? A baita pessoa em que Ele te transformou. Você está mais forte, mais segura(o) de si. Ei, nada foi em vão. Dentro da sua história e diante de tudo pelo que você passou, Aquele que tudo pode, tudo faz, tudo vê e tudo controla em nenhum momento soltou a sua mão.

Parabéns por ser quem você é e por não ter tido que prejudicar ninguém para chegar aonde você chegou. A sua melhor versão é aquela que não tira de você o que há de mais bonito: o amor, o perdão, a esperança e a fé.

Tá vendo, aí, o quanto Deus tem te honrado?

"

"AJEITEI OS MEUS ARMÁRIOS
EMOCIONAIS, QUE ESTAVAM
UMA BAGUNÇA, TIREI OS
LIXOS AFETIVOS QUE GUARDEI
POR ANOS TENTANDO
PRESERVAR UMA BOA IMAGEM
DA MINHA PESSOA."

"

DESCONSIDERE AS VEZES QUE VOCÊ FALHOU COM O SEU CORAÇÃO

Mudei, sim, e não foi pouco, foi muito, quando coisas e pessoas que julgava interessantes se tornaram desinteressantes e vazias para mim.

Quando a minha liberdade de ir e vir estava sendo roubada pelo descaso dos outros, quando me senti invadida e oprimida pelos enganos e mentiras enormes que fui obrigada a engolir calada por medo de perder, quando tudo aquilo que eu acreditava que não acabaria desmoronou. Quando confiei demais, abracei demais, me doei demais.

Há quem diga que a gente tem que fazer o bem sem olhar a quem e que, quando somos solidários, mesmo dentro da não reciprocidade, colhemos bons frutos. É fato. Por outro lado, se fizermos o bem com expectativas de retornos, só colheremos decepções. Falhei com o meu coração inúmeras vezes por isso. Não me arrependo de ter mudado, não me culpo pelos distanciamentos necessários, que, então, pareceram ser perdas, mas que, diante das grandes transformações que me aconteceram em seguida, hoje defino como livramentos precisos.

Oro por quem apenas passou pela minha vida, desejo o melhor a eles e sigo olhando para a frente. Não é fácil, nunca será. Nada que abala os nossos sentimentos é fácil. Diante dessa decisão que tomei, fui ficando quietinha no meu canto, sozinha, me cuidando, me protegendo, me curando, me guardando. Fui aguentando certas provocações calada, fui me silenciando diante de algumas mensagens afrontosas, respirando fundo, tratando das minhas feridas e tentando me reerguer.

Me escondi em Deus, chorei com Ele, pedi colo, pedi abrigo, pedi aconchego, pedi carinho, pedi que Ele me desse paz e segurança. Fui contando só para Ele onde a dor me prendia, dando permissão para que Ele arrancasse tudo o que não fosse da Sua direção para mim – coisas, pessoas e sentimentos ruins. Eu só queria que o tempo passasse rápido e que essa bagunça toda fosse ajeitada em mim.

Fui me perdoando pelas vezes em que insisti em confiar, em que rastejei em busca de uma gotinha de atenção, pelas tantas outras em que ignorei os Seus sinais. É, eu fui forte, sim, por pelo menos tentar dar continuidade à minha história sem despejar tudo que eu sentia em quem realmente não poderia fazer escolhas por mim. Fui deixando para trás tudo o que foi ruim, apagando cada capítulo, deletando cada palavra mal(dita), excluindo da minha memória cada mentira recebida em forma de afetos. Todos os dias foram difíceis, mas essas dificuldades afetivas geraram em mim resistência e, na medida do possível, fui me reconstruindo.

Nada pelo que a gente passa nessa vida fica sem uma resposta divina quando em oração e súplicas exercemos a nossa fé. Tudo é aprendizado e, em cada lição, há uma mudança benéfica em nós. Aprendi a nadar. Nesses mergulhos repentinos da alma encontrei uma nova forma de viver e um jeito muito especial de me conhecer. A mulher aqui cresceu. Mesmo com essa idade toda, ela precisou crescer mais um pouco.

Já vejo os sinais. Eles significam experiências. *Ajeitei os meus armários emocionais, que estavam uma bagunça, tirei os lixos afetivos que guardei por anos tentando preservar uma boa imagem da minha pessoa, mas que, de fato, estavam me fazendo fugir de quem eu era*, segurei nas mãos Daquele que me coloca de pé e fui me encorajando a não ser mais a mesma, a colocar pontos finais em tudo aquilo que, por insistência e até covardia comigo mesma, tinha mantido na minha história com um "até breve", "até um dia" ou "a gente se esbarra por aí".

Psiu, certos ciclos precisam ser encerrados. *A vida não nos prega peças, nós é que ficamos desenhando capítulos em cenários que não são nossos.* Deixa eu te dizer uma coisa: os jardins não florescem o ano todo e, cá para nós, a gente tem mais é que cuidar do nosso **JARDIM INTERIOR** sabendo passar pelas estações sem desanimar.

O mundo encantado de Alice no País das Maravilhas acaba quando ela percebe que tem um caminho longo pela frente e que, para ser amada, ela precisa aprender a se amar. Ele acaba quando ela acorda e descobre a sua própria identidade. Para completar a história, lá vai o Chapeleiro, com o seu tom de quem já viveu muito, lhe dizer que as melhores pessoas são as mais loucas. Eu cá diria que as melhores pessoas são as que vivem de verdade, entre alegrias e tristezas, mas que vivem pelo que fazem de honesto consigo mesmas e com os outros.

A vida nos apresenta pessoas e Deus nos mostra quem devemos manter do nosso lado. Até que a gente aprenda a separar o joio do trigo, entendendo a diferença de espaço que há entre ambos e as suas intenções, os tombos são doídos e as decepções impiedosas, mas as certezas que são plantadas em meu coração dizem que o Senhor sabe exatamente quem se identifica com a gente, quem é de verdade, quem vai nos abraçar com a alma, quem vai nos entender, nos tolerar, aguentar as nossas fraquezas, entender as nossas limitações, rir com as nossas alegrias e chorar com as nossas dores. A gente não precisa falar, Ele sabe.

O segredo é não nos contaminarmos com a maldade nem nos tornarmos amargos, imaturos, desconfiados e inseguros em relação ao amor e ao perdão. Temos que estar acima do que chega para nos destruir, temos que fazer a diferença mesmo que o outro não mereça. Afinal, falhamos também, e feliz é aquele que sabe reconhecer os seus erros e aprender com eles em toda e qualquer situação. Mudar também é uma dádiva que só nos traz o que é novo. Desconsidere, por favor, as vezes em que você falhou com o seu coração e escolha começar de novo, entendendo as suas limitações, respeitando as suas vontades e priorizando sempre as de Deus para sua vida, criando mais coragem e automerecimento que expectativas. Essa é a forma mais sensata de se viver. Segura nas mãos de Deus e vai. *Vai na fé, vai na coragem, vai por você.*

"

"A VIDA NÃO NOS PREGA
PEÇAS, NÓS É QUE
FICAMOS DESENHANDO
CAPÍTULOS EM CENÁRIOS
QUE NÃO SÃO NOSSOS."

"

LIBERTE-SE DE TUDO O QUE TE IMPEDE DE SER UMA BÊNÇÃO...

Deus enxerga o seu potencial e sabe muito bem quem você é. Não permita que a sua visão em relação a você mesma(o) seja deturpada por causa das atitudes ou da opinião de outra pessoa. A diferença quem faz é você com o seu jeito de ser, com o seu autovalor, com a sua maneira de se cuidar, com a sua vontade imensa de sempre avançar e crescer e com as suas escolhas bem-feitas.

Não importa que alguns não acreditem, basta você acreditar e não desistir dos seus sonhos, mesmo que os obstáculos sejam grandes. Deus quer que você prospere, que a sua vida sentimental e familiar seja abençoada, que milagres em sua vida aconteçam. Ele quer, sim, que você seja feliz, mas, para avançar, você precisa soltar o passado e reaprender a viver da maneira correta.

Temos mania de não querer ouvi-lo quando tudo nos vai bem, de pensar que as coisas do nosso jeito funcionam melhor e que Ele sempre será misericordioso conosco em nossos erros. Te digo que misericordioso Ele será, mas não podemos esquecer que Ele é justo, Ele é Pai e nos faz colher exatamente o que plantamos, o que inclui nossas escolhas malfeitas e insensatas.

Ele tinha uma promessa para a vida de Abrão e ordenou que ele saísse da sua terra, da sua parentela e fosse para a terra para a qual Ele lhe direcionasse. Sim, Abrão ouviu a ordem, mas não agiu como deveria.

Por causa de uma má escolha, nos sabotamos muitas vezes.

> "Ora, o SENHOR disse a Abrão: Sai-te da tua terra, da tua parentela e da casa de teu pai, para a terra que eu te mostrarei. E far-te-ei uma grande nação, e abençoar-te-ei e engrandecerei o teu nome; e tu serás uma bênção."

Gênesis 12:1,2

Ele não fez como o Senhor pediu, não deu créditos à voz Dele quando disse: "vá sozinho, não leve ninguém, o caso é entre mim e você, me ouça, me obedeça, o seu tempo aí já deu, faça do meu jeito, engrandecerei o seu nome, e **TU SERÁS UMA BÊNÇÃO**." Deus já tinha planos grandiosos para ele, assim como Ele tem para você.

"Assim partiu Abrão como o Senhor
lhe tinha dito, e foi Ló com ele;"

Gênesis 12:4

Infelizmente, Abrão levou Ló, seu sobrinho, que cresceu, se tornando uma pessoa ambiciosa, querendo sempre mais. Com o passar do tempo, houve **CONFLITOS** entre os pastores que cuidavam de seu rebanho e os pastores que cuidavam do rebanho de Ló, e estava mais do que claro que juntos não dariam certo.

Ele manteve em sua vida por muito tempo aquilo que Deus reprovava, e isso lhe trouxe muitos problemas. Às vezes estamos plantando nossas próprias tempestades e culpando Deus pelas nossas dores e sofrimentos.

Certas decisões somos nós que precisamos tomar para que as portas se abram, para que os milagres aconteçam, para que as bênçãos prometidas do Senhor nos alcancem. Abrão teve que tomar uma decisão: mandar Ló embora. Ele precisava desapegar do que o impedia de ser abençoado. Ele teve que soltar o que o prendia lá no passado.

A gente não entende como Deus trabalha em algumas situações, mas precisa acreditar que Ele sempre tem o melhor para nós. Ele acredita na gente.

E disse o Senhor a Abrão, depois que Ló se apartou dele: Levanta agora os teus olhos, e olha desde o lugar onde estás, para o lado do norte, e do sul, e do oriente, e do ocidente; Porque toda esta terra que vês, te hei de dar a ti, e à tua descendência, para sempre.

Gênesis 13:14,15

Tire o Ló da sua vida, desapegue, se livre do que te escraviza, do que tira o seu sossego, do que te faz ser uma pessoa amarga, triste, desacreditada e desanimada, que as mudanças acontecerão.

Quando Ló se afastou, Deus mandou que Abrão levantasse os olhos para ver o lugar onde ele estava, ou seja, a presença de Ló em sua vida o impedia de enxergar quem ele era e o que ele tinha. *Haja o que houver em sua vida, escolha levar com você sempre a promessa, não o problema.*

CONSELHOS PARA A VIDA

- Não se esqueça de Deus e saiba que Ele está do seu lado o tempo todo. Conte com Ele em suas decisões e escolhas e saiba que Ele também te deu amigos confiáveis, não tente tudo sozinha(o).
- Torne-se sua(seu) amiga(o) mais íntima(o), desejando para você mesma(o) coisas boas, sucesso, aprendizado e reconhecimento. Saia do lugar, faça o que for preciso para estar bem e para conquistar tudo o que você almeja.
- Não adie os seus sonhos por ocupações ou projetos que não são seus ou que não lhe trarão retornos desejáveis. Acredite mais em você, vá à luta, cresça nas suas dificuldades e veja algumas perdas ou fracassos como oportunidades.
- Você tem qualidades incríveis. Não espere que os outros as percebam em você, porque nem sempre as pessoas estão focadas em nós. Às vezes precisamos

nos olhar com mais profundidade para descobrirmos o quanto somos habilidosos, fortes e corajosos, o quanto somos inteligentes e capazes. Isso é bacana, é saudável, e muito importante também.

- Pare de se vitimar por tudo. Posicione-se diante das dificuldades ou dos seus próprios erros. Perceba-se e saiba que errar é humano. Aprendemos com tudo nessa vida, até quando algo não vai bem para nós. Basta saber lidar com cada situação de forma generosa e sábia. Para tudo há uma saída, uma solução e uma resposta.

- Aconselho-te sempre a persistir, lutar, batalhar por tudo de bonito que você deseja conquistar. Mas não se esqueça que desistir do que não está nos fazendo bem não é um ato covarde, pelo contrário, só quem tem muita coragem abre mão do que o aperta por dentro.

- Lembre-se: o tempo trata de ajeitar as coisas em nós e para nós quando alguém, por insatisfação e maldade, tenta nos parar, e Deus trata de nos curar se assim permitirmos. Uma coisa é certa: Ele é justo e a Sua vontade é perfeita, a gente só tem que confiar, perdoar e seguir.

- A vida é muito curta. Não desperdice tempo nem afetos. Se abrigue onde você cabe, fuja do que te aperta. Às vezes, quase sempre, comprometemos a nossa liberdade emocional insistindo naquilo que só fere a nossa alma.

- Promova a paz sempre que necessário ao invés de se alimentar dessas armadilhas emocionais que alguns nos armam quando nada em sua vida está dando certo. Seja a tranquilidade em dias de tormentos, seja alegria em dias tristes, seja amor em tempos de ódio. Seja uma pessoa que vale muito a pena ter por perto.

- Você não pode mudar o pensamento dos outros nem controlar suas más ações. Mas você pode se controlar diante do mal que te lançam, focar naquilo que realmente fará muita diferença em seus dias e seguir em frente com mais vontade, convicta(o) de que ser quem a gente é, nesse mundo tão cheio de superficialidades, é liberta(dor), ainda que sejamos reprovados por muitos. Autenticidade é tudo.

- Você não pode desistir porque o caminho está mais difícil ou porque o cansaço chegou. Não existe nada mais prazeroso do que atravessarmos a reta final certos de que nos esforçamos mais do que podíamos, de que demos o nosso melhor, de que chegamos ao nosso limite, de que avançamos pela fé.

- Deus sabe o quanto você tem se esforçado para não desistir e, mais do que isso, Ele sabe até onde você aguenta. Tudo que você precisa é se aquietar e confiar!!!! Ele é fiel, muito fiel mesmo, e de você Ele vai cuidar!

- O nível mais elevado da maturidade é quando uma pessoa, mesmo sendo ferida, ofendida, afrontada, ou até humilhada por outra consegue, de alguma maneira, proteger a sua autoestima sem precisar descer ao nível de quem lhe atacou para se sentir mais forte.
- Por mais que falem mal de você, a sua prioridade tem que ser a responsabilidade de provar a você mesma(o) que a força que te faz prosseguir é maior do que qualquer insatisfação alheia.
- Aquele que te encontra pelo coração sabe exatamente o que se passa em sua vida. Isso é dom. Isso é algo inexplicável e intransferível. Ninguém interrompe, ninguém desfaz.

Sobretudo, vá ajeitando a sua vida calada(o), com fé e oração, que Deus vai te honrando. Vai perdoando quem não te estendeu as mãos, quem não foi leal a você, quem te feriu, que Deus vai te abençoando. Vá seguindo em frente sem olhar para trás, sem desejar o mal a quem te fez mal, sem se culpar pelo que não valeu, sem se lamentar pelas perdas, sem fraquejar, que Deus vai te curando, fortalecendo e protegendo. Vá vivendo a sua vida sem reclamar e, se possível for, sem sofrer pelo que já foi, que, dos seus dias, Deus vai cuidando.

Eu acredito em reviravoltas e nos bons frutos que colhemos das boas sementes que plantamos. autossabotagem *NUNCA MAIS*.

CONSIDERAÇÕES FINAIS

Aprendi tanta coisa. Vivi tantas outras. Guardei em meu coração aquela sensação maravilhosa de poder contar com Deus diariamente em cada situação. Chegamos até aqui por um propósito e continuaremos por um propósito também.

Gratidão a Deus por tudo o que se foi. Daqui para a frente, só boas novas. Se posso te dar um conselho, receba de bom grado, por favor, deixe o que não foi bom no passado e recomece a partir da fé que te faz vencer todos os dias.

Alimente os seus pensamentos com coisas boas, seja positiva(o), seja responsável pelos seus atos, pela sua vida e até pelos seus sentimentos.

Ser feliz e realizada(o) é uma obrigação sua com você mesma(o), não responsabilize ninguém por isso. Invista em seus sonhos, faça o possível para que os seus dias sejam proveitosos, para que a sua consciência se abrigue naquela paz demorada de ter feito o melhor por você e pelos outros.

Quanto ao que está por vir, faço das palavras do apóstolo Paulo as minhas:

"[...] tudo o que é verdadeiro, tudo o que é honesto, tudo o que é justo, tudo o que é puro, tudo o que é amável, tudo o que é de boa fama, se há alguma virtude, e se há algum louvor, nisso pensai. O que também aprendestes, e recebestes, e ouvistes, e vistes em mim, isso fazei; e o Deus de paz será convosco."

Filipenses 4.8,9.

"NÃO TINHA NOME, NÃO TINHA SENTIMENTO, NÃO TINHA VERDADES, ERA APENAS UMA ILUSÃO."
NESSA PÁGINA INTERESSANTE E VAZIA SERÁ ESCRITA UMA NOVA HISTÓRIA. AQUI O PASSADO NÃO CONTINUA!

SOBRE A AUTORA

Mineira, nascida em Governador Valadares, contadora, escritora, evangélica, autora de três livros e muito dedicada às letras, à vida, ao amor e à valorosa essência da palavra de Deus. Nada perfeita, mas em busca da perfeição que há em Cristo Jesus.

Visto-me de fé todos os dias e batalho para ser quem eu sou. A minha história poucos conhecem, os meus dias difíceis poucos percebem e as dores que já tive poucos respeitaram.

O silêncio em certas ocasiões é a minha resposta favorita, o respeito minha melhor conduta. A Bíblia, a verdade que liberta, é nela que eu acredito, é nela que me inspiro sempre, me diminuindo todos os dias para que o Senhor cresça em mim. Meus temas prediletos: Deus, vida, relacionamentos, sentimentos e comportamento humano.

Não disputo espaço na vida nem no coração de ninguém. Sou bem crescidinha para entender que o melhor lugar para estarmos é aquele que nos permite respirar segurança, afeto, lealdade, valor e amor. Se vier para ficar, abraço. Mas se não quiser fazer morada em mim, deixo ir.

A minha maior concorrente sou eu mesma, e me vencer todos os dias sem me autodepreciar ou prejudicar quem tenta de alguma forma me ferir já é um desafio absurdo. Mas, acreditem, venço todos.

Já me coloquei de pé quando eu mesma pensei que não conseguiria dar um passo à frente. Já me dei um tempo por necessidade do coração, já engoli o choro diante de humilhação, ofensa e afronta para não ter que revidar e jogar fora tudo de bonito que Deus havia construído em mim, já me lamentei demais por algumas perdas e, o mais interessante, já me calei para não ter que magoar quem eu mais amei.

Me superei e continuo me superando. Se você me perguntar do que eu me arrependo, a minha resposta será simples: só me arrependo daquilo que nunca tentei por medo ou por me achar pequena demais. A gente se supera, sim, principalmente quando a queda é grande e as dores, profundas.

Nos superamos quando a vida nos mostra que somos os culpados pelas expectativas que criamos e pelas urgências que carregamos dentro de nós. A gente se supera quando a alma diz: "não aguento mais, preciso me cuidar". A gente se supera quando percebe que a nossa importância deve estar acima da covardia do outro.

A gente se supera quando consegue se amar de maneira correta e se perdoar tanto a ponto de perdoar quem só nos decepcionou. Nenhuma dor é eterna e, quando vencemos a dor que há em nós, nos damos uma chance de recomeço, mesmo que em processo de cura.

Se posso te dar um conselho nessa idade toda que tenho, guarde o seu coração do mal que chega devagar, do lobo que se veste de amigo e do sentimento que se disfarça de amor.

Não se perca de si por nada nessa vida e aprenda a se cuidar mesmo quando o amor de alguém lhe faltar. Para finalizar, não julgue ninguém, principalmente se você não o conhecer. Isso não deve ser uma escolha, isso tem que ser decisão de vida. Se cuida aí, que eu me cuido aqui e tá tudo bem.

CECILIA SFALSIN